올바른 성장과 건강한 생활
어린이 건강동화 시리즈 ❺ (스트레스 편)

초판 1쇄 인쇄 2012년 4월 25일
초판 2쇄 발행 2015년 7월 15일

지은이 | 조만호
　　　　http://cafe.naver.com/jomanhobooks
　　　　E-mail : manhoooo@hanmail.net
주　소 | 부산 광역시 부산진구 동성로 134
전　화 | 051-805-1237
핸드폰 | 010-6337-9675

그　림 | 김주희
컬　러 | 김주희

펴낸이 | 박은숙
펴낸곳 | 계백북스
기　획 | 도국명
디자인 | 김은희
주　소 | 서울시 중구 수표로4길 27(충무로 3가) 상강빌딩 502호
전　화 | 02-734-2267, 02-736-9914　팩스 | 02-736-9917
등　록 | 2009년 7월 15일 제301-2009-136호

CopyRight ⓒ 조만호 2012
ISBN 978-89-97327-08-9
ISBN 978-89-97327-04-1(전5권)

• 이 책은 무단복제 및 무단 전재를 금합니다.
　잘못된 책은 교환해 드립니다.

| 어린이 건강동화 시리즈 ❺
(스트레스편) |

짜증은 빵점
건강은 백점

글 조만호 그림 김주희

머리말

올바른 성장과 건강한 생활

지압원을 내원하는 초·중·고등학생부터 일반인들에 이르기까지 나쁜 자세로 인한 척추질환과 비만으로 인한 관절염, 스트레스로 인한 근육통 등 지압원을 찾아오는 수많은 환자들을 치료하면서 어릴 때부터의 바른 자세와 건강한 식습관, 올바른 생활 습관 등이 매우 중요하다는 사실을 절감하게 됩니다.

즉 어렸을 때의 바르지 못한 자세와 잘못된 생활 습관 등으로 인하여 여러 질병과 골·근육계 질환이 발생하게 되는 것입니다. 그래서 어릴 적부터 바른 자세와 올바른 생활 습관을 갖는 것이 우리 자녀들이 평생을 건강하게 살아가는 지름길이 되리라 생각합니다.

이 책은 조금이나마 아이들의 건강에 보탬이 되고자 하는 바람으로 아이들의 눈높이에 맞추어 구성하였습니다.

올바른 성장과 건강한 생활이라는 교훈적인 목적으로 구성된 건강 동화 시리즈는, 우리 자녀들이 어릴 때부터 바른 자세를 갖는 습관, 올바른 식생활을 하는 습관, 알코올 중독 및 흡연에 대한 경각심 등 바른 교육을 통해 평생 건강하고 행복하게 살아갈 수 있는 밑거름이 되어 줄 것입니다.

나쁜 자세와 잘못된 식습관, 음주나 흡연 습관이 평생 동안 질병으로부터 고통 받고 삶의 질을 떨어트린다는 사실을 타의에 의한 강요가 아닌 이 책을 읽고 생각하며 아이들 스스로 자각하고 깨닫기를 바랍니다.

그래서 소중한 우리의 아이들이 올바르게 성장하고 건강하고 아름다운 생활을 할 수 있다면 필자는 더 이상 바랄 것이 없습니다. 훗날 건강하게 성장한 우리의 자녀들이 곧 건강한 나라를 만들며 이 나라를 책임지고 이끌어가는 일꾼으로서, 건강한 리더로서 성장하리라 믿습니다.

건강한 꿈이 있는 세상
5월 조만호

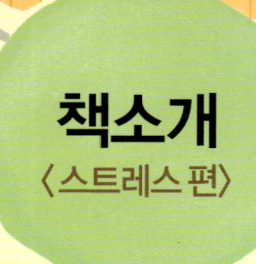

책소개
〈스트레스 편〉

　사방을 둘러보아도 온통 스트레스뿐인 세상입니다.
　인간이 살아가는 것 자체가 스트레스라고 하니 가능하다면 스트레스를 안 받고 사는 것이 제일 좋은 방법입니다. 하지만 현대 사회를 살아가면서 스트레스를 피하기란 결코 쉽지 않은 일입니다. 중요한 것은 부모님 못지않게 우리 아이들도 스트레스에 심각하게 노출되어 있다는 사실입니다.
　스트레스를 줄이는 가장 좋은 방법은 세상을 아름답게 보고 긍정적인 생각을 하는 것입니다. 아이들이 스트레스에서 벗어나 파란 하늘 아래, 푸른 들판을 달리며 건강한 몸과 희망찬 꿈을 가질 수 있는 지혜와 방법을 스스로 터득할 수 있어야만 우리 자녀들이 건강한 생활과 삶을 살아갈 것입니다.

　앞서 말했듯 부모님들 못지않게 아이들 또한 스트레스를 받고 있습니다. 친구보다 예뻐야 하고 날씬해야 하며 공부도 남들보다 잘해야 된다는 부모님의 생각 때문에 아이들이 과도한 스트레스에 시달리게 되는 것입니다.
　그래서 스트레스를 많이 받는 아이들은 그렇지 않은 아이들보다 소화 기능이 약해지게 되는데 이로 인하여 변비, 설사, 편두통 등이 발생하고, 소화 불량이 심해지면 얼굴, 목, 어깨 주위에 뾰두라지나 염증이 발생합니다. 또한 집중력이 떨어져 학습장애가 발생하고 일상생활에서 의지력이 상실되기도 합니다.
　그러므로 다른 아이들과 성적 및 태도나 행동, 외모 등을 비교하는 일은 삼가는 것이 아이들을 스트레스로부터 벗어나게 하는 지름길이 될 것입니다.
　아이가 씩씩하고 건강한 어린이로 성장하기 위해서는 아이들이 과도한 스트레스에 노출되지 않도록 타인과의 비교보다는 부모님의 사랑과 따뜻한 격려가 필요합니다.

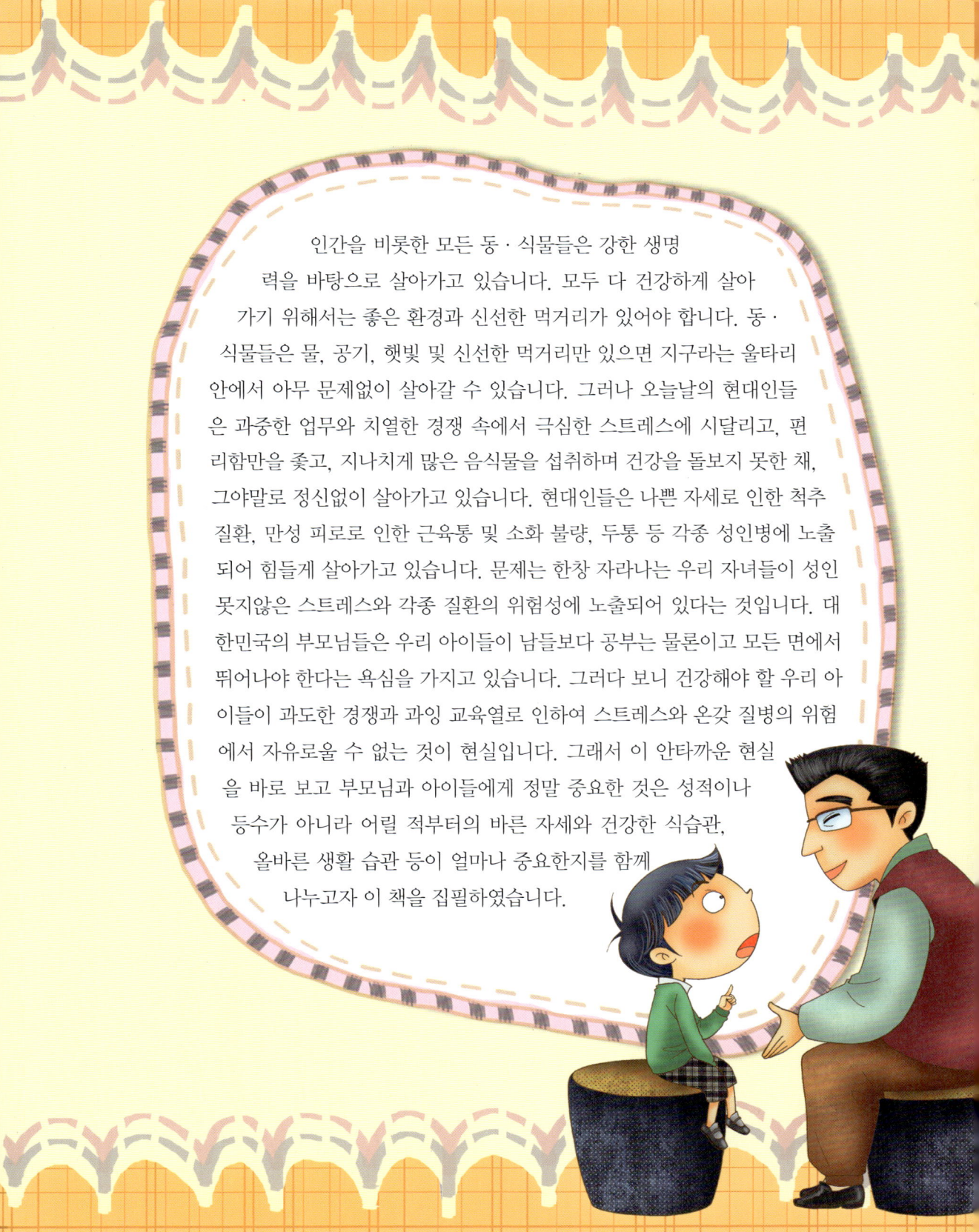

인간을 비롯한 모든 동·식물들은 강한 생명력을 바탕으로 살아가고 있습니다. 모두 다 건강하게 살아가기 위해서는 좋은 환경과 신선한 먹거리가 있어야 합니다. 동·식물들은 물, 공기, 햇빛 및 신선한 먹거리만 있으면 지구라는 울타리 안에서 아무 문제없이 살아갈 수 있습니다. 그러나 오늘날의 현대인들은 과중한 업무와 치열한 경쟁 속에서 극심한 스트레스에 시달리고, 편리함만을 좇고, 지나치게 많은 음식물을 섭취하며 건강을 돌보지 못한 채, 그야말로 정신없이 살아가고 있습니다. 현대인들은 나쁜 자세로 인한 척추 질환, 만성 피로로 인한 근육통 및 소화 불량, 두통 등 각종 성인병에 노출되어 힘들게 살아가고 있습니다. 문제는 한창 자라나는 우리 자녀들이 성인 못지않은 스트레스와 각종 질환의 위험성에 노출되어 있다는 것입니다. 대한민국의 부모님들은 우리 아이들이 남들보다 공부는 물론이고 모든 면에서 뛰어나야 한다는 욕심을 가지고 있습니다. 그러다 보니 건강해야 할 우리 아이들이 과도한 경쟁과 과잉 교육열로 인하여 스트레스와 온갖 질병의 위험에서 자유로울 수 없는 것이 현실입니다. 그래서 이 안타까운 현실을 바로 보고 부모님과 아이들에게 정말 중요한 것은 성적이나 등수가 아니라 어릴 적부터의 바른 자세와 건강한 식습관, 올바른 생활 습관 등이 얼마나 중요한지를 함께 나누고자 이 책을 집필하였습니다.

짜증은 빵점 건강은 백 점

차례

머리말 올바른 성장과 건강한 생활 ● 06
책소개 짜증은 빵점 건강은 백 점(스트레스편) ● 08

짜증은 빵점 건강은 백 점

〈제1화〉 신경질 대마왕 ● 11
〈제2화〉 스트레스 때문이야 ● 25
〈제3화〉 햇살 요원이 되자! ● 37
〈제4화〉 세 개의 관문 ● 51
〈제5화〉 신경질 대마왕은 안녕! ● 73

부록 어린이 친구들에게 ● 87

제1화 신경질 대마왕

"끄으으응!"

　정원이는 이를 악물었어요. 너무 힘이 들어 몸이 부들부들 떨릴 정도였어요.

"으아아아악!"

　힘을 주던 정원이가 비명을 질렀어요. 하지만 기다렸던

뿌지직 소리는 나지 않았어요. 정원이는 달리기를 한 사람처럼 숨을 헉헉 몰아쉬었어요. 변비 때문에 매일 아침마다 이렇게 고생하는 게 정말 싫었어요.

"우리 강아지, 아직 멀었니? 또 학교 늦겠다."

화장실 밖에서 걱정하시는 할머니의 목소리가 들렸어요. 정원이는 입술을 삐죽이며 할머니를 향해 소리쳤어요.

"내가 늦고 싶어서 늦는 것도 아니잖아!"

정원이가 화장실을 나서며 엉덩이를 문질렀어요. 한참을 변기에 앉아 있었더니 엉덩이가 너무 아팠거든요. 시계를 보니 이미 출발했어야 할 시간이었어요. 정원이는 씩씩거리며 가방을 메고 신발을 신었어요.
"정원아, 밥은 먹고 가야지."
"늦었단 말이야!"

정원이가 소리를 빽 질렀어요. 화장실에서 잔뜩 힘을 썼

더니 아침부터 기운이 쭉 빠지는 느낌이었어요. 게다가 밥을 못 먹었더니 배에서는 꼬르륵 소리가 났어요.

'하지만 먹어도 어차피 체하잖아.'

정원이는 속으로 투덜거리며 천천히 걸었어요. 학교에 늦었지만 기운이 없어 뛸 수가 없었기 때문이에요.

"어이, 신경질 대마왕! 또 지각이냐?"
"시끄러워!"

교실에 도착했는데 오늘도 현준이가 정원이를 놀렸어요. 정원이는 현준이를 잔뜩 째려보고 자리에 앉았어요. 짝꿍인 효정이가 가방에서 동화책을 꺼내며 정원이에게 물었어요.

"너 동화책 가지고 왔니? 국어 시간에 발표할 동화책 말이야."

정원이가 인상을 쓰며 한숨을 쉬었어요. 급하게 서두르다가 책상 위에 꺼내 둔 동화책을 잊어버리고 나온 게 생각났기 때문이에요. 정원이는 선생님의 눈치를 보았어요. 하지만 효정이는 눈치도 없이 자신이 가져온 동화책을 자랑하기에 바빴어요.

"나는 '강아지 똥'을 가져왔어. 내가 제일 좋아하는 동화책이야."

동화책의 제목을 듣는 순간 정원이는 신경질이 났어요.

'하필이면 동화책까지 똥이야!'

아침 내내 변기에 앉아 끙끙거리던 생각이 떠올랐어요. 그러자 더욱 화가 치밀어 올랐어요. 정원이는 효정이에게 잔뜩 짜증이 섞인 목소리로 대꾸했어요.

"그래서 어쩌라는 거니?"

효정이는 무안했는지 얼굴이 빨갛게 달아올랐어요. 정원이는 고개를 팩 돌려 다른 곳을 보았어요. 현준이와 민성이가 속닥거리는 소리가 들렸어요.

"신경질 대마왕은 오늘도 또 신경질이구나?"
"그러니까 신경질 대마왕이지. 지각대장 신경질 대마왕, 킥킥킥."

정원이는 당장이라도 현준이와 민성이에게 소리를 빽 지

르고 싶었어요. 하지만 선생님께 혼날까 봐 두 사람을 노려만 봤어요. 정원이가 노려보는 것을 눈치챈 두 사람은 다시 자기들끼리 속닥거렸어요.

'매일매일 화나는 일투성이야! 정말이지 학교에 오기가 싫다니까.'

정원이는 짜증 섞인 표정으로 한숨을 쉬었어요. 어서 빨리 집으로 돌아가고 싶은 마음뿐이었어요.

"우리 강아지 왔누?"

수업이 끝나고 집에 돌아온 정원이는 반갑게 맞이하는 할머니께 인사도 하지 않은 채 방으로 들어갔어요. 책가방을 아무 데나 던져 놓은 정원이는 자신의 방으로 들어오자 기운이 쭉 빠졌어요. 그러고는 그대로 침대 위에 엎어져서 입술을 삐죽거렸어요.

'학교 같은 건 없어져 버렸으면 좋겠어.'

　현준이와 민성이는 하루 종일 정원이를 놀려댔어요. 화가 난 정원이가 달려들려고 하면 두 사람은 잽싸게 달아났어요. 정원이는 금세 숨이 차고 힘이 들어 둘을 쫓아가지도 못했어요. 자주 체해서 잘 먹지를 못하니 힘을 내려고 해도 낼 수가 없었어요.

　"학교에서 무슨 일이 있었어?"

　기분이 안 좋아 보이는 정원이가 걱정이 된 할머니께서 방으로 들어오셨어요. 정원이는 고개를 들고 할머니께 소리를 질렀어요.

　"왜 마음대로 내 방에 들어오고 그래!"
　"무슨 일 때문에 우리 강아지가 또 이렇게 뿔따구가 났을꼬?"

　할머니는 정원이의 옆에 앉아 정원이의 등을 토닥거려 주셨어요.

"말하기 싫어! 나 잘 거야!"

정원이는 베개에 얼굴을 파묻었어요. 할머니는 정원이를 걱정스러운 눈으로 쳐다보시다가 조용히 밖으로 나가셨어요.

다음 날은 학교에 가지 않는 토요일이었어요. 정원이는 늦게까지 잠을 자고 싶었지만 할머니께서 정원이를 깨우셨어요.

"우리 강아지, 밥 먹어야지. 어서 일어나렴, 아침 먹자."
"안 먹어! 더 잘 거야."

정원이는 할머니께 또 짜증을 부렸어요. 그런데 그 때 현관문 소리가 나더니 엄마의 목소리가 들렸어요.

"정원아, 엄마 왔다. 우리 정원이 아직 자고 있니?"
"엄마!"

　정원이는 벌떡 일어나 밖으로 달려 나갔어요. 주말에도 일 때문에 늦게 오시던 엄마가 오늘은 웬일로 아침 일찍 오셨기 때문이에요. 정원이는 얼른 엄마의 품에 안겼어요. 엄마는 정원이를 꼭 안고 토닥이셨어요.

"정원아, 엄마랑 아침 먹고 지압원에 갈까?"
"지압원이 뭐 하는 곳인데?"
"지압원은 지압을 해서 아픈 곳을 치료하는 곳이야. 또 왜 아픈지 이유를 찾기도 하고, 앞으로 아프지 않기 위해서는 어떻게 해야 하는지에 대해서도 배울 수 있어."

'지압을 해서 치료한다고? 아프면 어떻게 하지?'

　정원이는 혹시 아프지는 않을까 조금 걱정이 되었어요. 하지만 오랜만에 엄마와 함께 외출을 할 수 있다는 생각에 정원이는 잔뜩 들떴어요.

제 2 화
스트레스 때문이야

정원이는 아침을 먹고 엄마와 함께 '약손 지압원'을 찾았어요. 조만호 원장 선생님은 정원이와 엄마를 반갑게 맞아 주셨어요.

"어서 오세요, 정원이 어머님. 어서 오렴, 정원아."
"안녕하세요?"
"안녕하세요, 선생님. 우리 정원이가 자꾸 배가 아프다고 해서요."

　엄마는 자리에 앉으며 원장 선생님께 설명을 했어요. 정원이는 처음 와 보는 곳이라 긴장이 되어 엄마의 손을 꼭 붙잡았어요. 원장 선생님은 인자하게 웃으며 정원이에게 물으셨어요.

　"그래, 정원아. 배가 어떻게 아프니?"
　"뭘 먹으면 자꾸 체해요. 속이 갑갑하기도 하고요, 배가 아프기도 해요."

　정원이는 모기만 한 소리로 대답했어요. 원장 선생님은 고개를 끄덕이고는 정원이에게 다시 질문하셨어요.

　"그래서 밥을 잘 먹지 못하니?"
　"네. 자주 배가 아파서 밥을 먹기가 무서워요."
　"아침에 화장실 가는 게 무섭지? 가서 오랜 시간 앉아 있어야 하고, 대변이 잘 나오지 않으니 아프기도 하고."
　"어떻게 아셨어요?"

　정원이는 깜짝 놀라 물었어요. 원장 선생님이 빙긋 웃으

셨어요.

"밥을 잘 먹지 못하면 찌꺼기가 많이 생기지 않아요. 대변의 양이 적으니 대변을 누기도 힘들어지는 거야."

원장 선생님은 정원이의 얼굴을 찬찬히 살펴보셨어요.

"학교에 다니는 것은 재미있니?"
"하나도 재미없어요."
"왜 재미가 없니?"
"친구들이 자꾸 놀려요. 저보고 신경질 대마왕이래요."

정원이가 투덜거리듯이 대답했어요. 정원이는 대답을 하면서도 혹시 원장 선생님이 자신을 나쁜 아이라고 생각하면 어쩌나 걱정이 되었어요. 친구들에게 신경질만 내는 아이로 보일지도 모른다는 생각이 들었기 때문이에요. 하지만 원장 선생님은 여전히 인자한 얼굴로 정원이에게 질문을 하셨어요.

"정원이가 친구들에게 신경질을 많이 내니?"
"아침마다 지각한다고 자꾸 놀리니까 신경질이 나요. 자기들이 놀려서 화를 내는 건데 그걸 가지고 또 신경질 대마왕이라고 놀리는 거예요."

"화장실에 오래 있기 때문에 자꾸 지각을 하게 되는구나?"
"네."
"친구들이 놀리는 것 말고 또 속상한 일은 없니?"

원장 선생님의 물음에 정원이는 잠시 머뭇거렸어요. 엄마의 눈치를 살피자 엄마가 괜찮다는 듯 고개를 끄덕이셨어요.

"엄마랑 아빠랑 따로 살아서 자주 볼 수 없으니까 속상해요. 다른 친구들은 다 엄마, 아빠랑 같이 사는데 저는 할머니랑 살아요."
"부모님께서 일이 많이 바쁘시기 때문에 할머니랑 사는 거니?"
"네. 그래서 주말에만 엄마, 아빠를 만날 수 있어요."
정원이는 갑자기 왈칵 눈물이 쏟아질 것만 같았어요.

"엄마랑 아빠는 저를 위해서 열심히 일을 하시는 거래요. 그래서 엄마, 아빠랑 같이 있고 싶어도 제가 참아야 한

대요. 엄마랑 아빠도 제가 많이 보고 싶지만 참는 거래요."

"친구들이 놀리는 것보다 부모님과 따로 떨어져서 사는 게 더 속상했구나."

고개를 끄덕이던 정원이는 결국 울음을 터뜨렸어요. 엄마는 정원이를 꼭 안아 주셨어요. 원장 선생님은 정원이가 울음을 그칠 때까지 한참 동안 기다리셨어요.

"그동안 정원이의 배가 자꾸 아팠던 것은 스트레스를 받았기 때문이란다."
"스트레스요?"

"그래. 스트레스에는 여러 가지 의미가 있지만 힘들고 속상한 일을 겪게 되는 것을 흔히 '스트레스를 받는다' 라고 말해요. 그런데 이렇게 스트레스 받는 이유를 가만히 살펴보면 단순히 마음의 문제만은 아니란다."

원장 선생님은 종이 위에 그림을 그려 가며 설명해 주셨어요.

"먹구름이 많이 끼면 어떻게 되지?"
"비가 와요."
"그렇지. 비가 오면 땅은 어떻게 될까?"
"질퍽질퍽해져요."

"그래, 맞아. 땅이 질퍽해진단다. 그리고 다니기가 힘들어지지? 우리 몸도 마찬가지에요. 스트레스를 받는 것은 가슴 속에 먹구름이 끼어 온몸에 비가 오는 것과 같단다.
질퍽질퍽한 땅처럼 몸의 여러 부분들이 일하기 힘들어져

요. 그래서 머리가 아프기도 하고, 몸의 다른 부분이 아프게 되는 거란다. 우리 정원이처럼 소화시키는 게 힘들어지기도 하고 말이야."

"그럼 이제 전…… 소화가 계속 안 되고 먹을 때마다 체하는 건가요?"

정원이는 조마조마한 마음으로 물었어요. 앞으로도 계속 배가 아프고 먹을 때마다 체하는 건 아닌지 걱정이 되었기 때문이에요. 하지만 다행이 원장 선생님은 고개를 저으셨어요.

"물론 아니란다. 질퍽질퍽해진 땅도 비가 그치고, 하늘이 맑게 개이고 나면 다시 마르잖니? 그것처럼 스트레스를 잘 풀면 건강하게 소화도 잘 될 거야."

정원이는 가슴을 쓸어내렸어요. 원장 선생님은 정원이의 머리를 쓰다듬으며 말씀하셨어요.

"오늘은 선생님이 지압을 해서 정원이의 위장이 소화를

잘 시킬 수 있도록 도와줄 거예요. 하지만 앞으로 정원이가 스트레스를 잘 풀어내는 게 더 중요하단다."

"스트레스는 어떻게 풀어야 해요?"

"일단은 정원이가 즐겁게 지내야겠지. 좋아하는 일들도 많이 하고, 친구들과 재미있게 뛰어놀기도 하고 말이야. 그리고 힘든 일이 있을 때는 부모님이나 할머니께 말씀드리는 것도 필요해요."

원장 선생님은 정원이에게 여러 가지 방법을 알려 주셨어요. 하지만 정원이의 마음에는 크게 와 닿지 않았어요.

'그렇게 한다고 해서 정말로 배가 아프지 않게 될까?'

원장 선생님은 엄마와 아빠가 해야 할 일들도 설명해 주셨어요. 그 후 정원이는 원장 선생님의 지압을 받았어요. 손과 발, 그리고 몸의 이곳저곳을 지압 받고 나니 답답하던 뱃속이 한결 편해지는 느낌이었어요. 정원이는 원장 선생님께 인사를 하고 엄마와 함께 집으로 돌아왔어요.

제 3화
햇살 요원이 되자!

    정원이는 오랜만에 개운한 기분으로 잠자리에 누웠어요. 신기하게도 지압을 받고 나니 밥을 먹어도 배가 아프지 않았어요. 게다가 방금 전에는 아주 조금이었지만 모처럼 힘들이지 않고 대변을 보고 왔기 때문이에요. 정원이는 내일도 그랬으면 좋겠다고 생각하며 눈을 감았어요. 그 때였어요.

    슈확!

　갑자기 환한 빛이 방안에 터지더니 무언가가 나타났어요. 정원이는 깜짝 놀라 번쩍 눈을 뜨고 그것을 살펴보았어요. 침대의 절반만 한 우주선이 허공에 둥둥 떠 있었어요. 정원이가 우주선에서 눈을 떼지 못하고 있는 사이 우주선의 문이 열렸어요. 그러고는 우주선보다 더 작은 사람이 문 밖으로 나왔어요.

　"정원아, 안녕?"

　정원이는 입을 다물 수가 없었어요. 정원이가 가장 좋아하는 어린이 영화 '우주 특공대'의 주인공인 태양이었어요.

　"넌 태양이잖아!"
　"그래, 맞아. 반갑다, 정원아!"

　태양이가 싱긋 웃었어요. 정원이는 태양이를 실제로 볼 수 있다는 것이 너무나도 기뻤어요. 태양이는 반가워하는 정원이에게 좀 더 가까이 다가왔어요.

"이번에 우리 특공대에서 '햇살 요원'이라는 특수 요원을 뽑게 되었어."
"햇살 요원이라고?"

"응. 우리 특공대원들은 온 우주에 있는 어린이들의 안전을 지키는 일을 하고 있어. 하지만 요즘 스트레스를 받는 어린이들이 많아졌거든. 그래서 어린이들이 즐겁게 생활할 수 있도록 돕는 특수 요원을 뽑기로 한 거야."

"그런데 왜 나를 찾아온 거야?"
"정원이 네가 햇살 요원의 후보로 뽑혔거든."
"내가 우주 특공대의 특수 요원이 될 수 있다고?"

정원이는 깜짝 놀랐어요. 자신처럼 평범한 어린이가 우주 특공대원이 될 수 있다고는 생각도 하지 못했기 때문이에요. 하지만 태양이는 망설임 없이 고개를 끄덕였어요.

"그럼, 물론이지."

정원이는 잠시 고민에 빠졌어요.

'나도 즐겁게 지내지 못하고 있는데 내가 다른 어린이들을 도울 수 있을까?'

정원이의 걱정을 알아차렸는지 태양이가 웃으며 말했어요.

"괜찮아. 정원이 너는 누구보다 훌륭한 햇살 요원이 될 수 있을 거야."

하는 일은 다르지만 태양이와 같은 우주 특공대원이 된다면 참 멋있을 것 같았어요. 태양이의 격려에 고민하던 정원이는 마음을 굳혔어요.

"알았어. 기회가 주어진다면 열심히 해 볼게."
"잘 생각했어, 정원아. 그럼 함께 별나래 행성으로 떠나 볼까?"

　태양이는 주머니에서 작은 리모컨 같은 것을 꺼냈어요. 그리고 정원이의 몸을 향해 버튼을 눌렀어요. 그러자 정원이의 몸이 푸른빛에 휩싸이더니 곧 태양이만큼 작아졌어요. 태양이는 신기해하는 정원이에게 말했어요.

　"다른 행성으로 갈 때, 몸의 크기를 바꿔야 하는 경우가 종종 있어. 별나래 행성은 지구보다 많이 작아서 몸을 줄여야 하거든."
　"아, 그렇구나."

　정원이는 태양이의 우주 비행선인 '은하수 1호'에 탔어요. 안전벨트를 매고 나자 태양이가 여러 개의 버튼을 쉴 새 없이 누르며 말했어요.

　"어디 불편한 데는 없지? 자, 그럼 출발한다!"

　태양이가 나타났을 때처럼 은하수 1호는 새하얀 빛을 내뿜고는 순식간에 정원이의 방에서 사라졌어요.

"정원아, 햇살 요원이 되려면 우선 세 개의 관문을 통과해야 해."

태양이는 별나래 행성으로 가는 도중 정원이가 통과해야 하는 관문에 대해 설명해 주었어요.

"먼저 첫 번째 관문을 통과하려면 정원이 네가 즐겁게 웃을 수 있어야 해. 그 다음, 두 번째 관문을 통과하려면 열심히 뛰어놀 줄 알아야 하고. 그리고 마지막 관문을 통과하려면 대변을 잘 눠야 해."

세 개의 관문에 대한 설명을 들은 정원이는 걱정을 감출 수가 없었어요. 하나같이 정원이가 자신 없는 것들뿐이었어요. 하지만 태양이는 믿음직스러운 얼굴로 말했어요.

"각각의 관문마다 훈련을 받아야 하는데, 아마 훈련을 받고 나면 충분히 통과할 수 있을 거야."

태양이의 말에 정원이는 애써 걱정을 누르며 고개를 끄

덕였어요.

'좋아, 아무리 어려워도 꼭 훈련을 통과해서 햇살 요원이 될 거야.'

정원이는 주먹을 꼭 쥐고 다짐했어요.

창밖으로 쉴 새 없이 지나쳐 가는 별들을 구경하다 보니 어느새 별나래 행성에 도착했어요. 정원이는 두근거리는 마음으로 우주선에서 내렸어요. 태양이는 정원이를 데리고 훈련장으로 향했어요.

"시간이 많지 않기 때문에 곧바로 훈련에 들어가야 해. 저기 보이는 커다란 건물이 훈련장이야."

정원이가 훈련장 안으로 들어가자 태양이와 같은 옷을 입은 아이들이 많이 보였어요. 태양이와 같은 우주 특공대원들이었어요.

"모두 정원이 너의 훈련을 도와줄 특공대원들이야."

"안녕? 나는 한정원이라고 해. 잘 부탁해."
"어서 와, 정원아!"
"반가워, 잘 해보자."

　모두들 정원이를 반갑게 맞아 주었어요. 태양이는 정원이를 데리고 첫 번째 관문을 위한 훈련실로 향했어요.

제4화 세 개의 관문

 "먼저 큰 소리로 웃는 연습을 해 보자. 자, 날 따라해 봐. 하하하하!"

 태양이가 먼저 큰 소리로 웃었어요. 갑자기 웃는 것이었지만 태양이는 정말로 즐거워 보였어요. 정원이는 부끄럽고 쑥스러워서 마지못해 작은 소리로 웃었어요.

 "하하…… 하하……."

정원이가 듣기에도 너무 어색한 웃음소리였어요. 옆에 걸린 거울을 보니 정원이의 얼굴은 하나도 즐거워 보이지 않았어요.

"괜찮아, 정원아. 조금 더 큰 소리로 웃어 봐."
"하…… 하하하."

정원이는 용기를 내어 아까보다 조금 더 큰 소리로 웃었어요. 태양이가 고개를 끄덕이며 말했어요.

"그래, 방금 전보다는 나아졌어. 다시 한 번 해 볼까?"
"하하하하!"

태양이의 칭찬에 정원이는 두 눈을 질끈 감고 큰 소리로 웃었어요. 태양이가 활짝 웃으며 정원이의 등을 두드렸어요.

"그래, 그렇게 하는 거야. 잘하고 있어, 정원아."

정원이는 한참 동안 큰 소리로 웃는 연습을 했어요. 그런데 신기하게도 자꾸만 큰 소리로 웃다 보니 가슴 속이 시원해지는 것 같았어요. 원장 선생님이 말씀하셨던 가슴 속의 먹구름이 말갛게 개는 기분이었어요.

세 개의 관문 53

"자, 이번에는 다음 훈련을 하자."

얼마 후, 태양이는 훈련실 안에 있던 TV를 켰어요. TV에서 우주 특공대원들의 모습이 나왔어요. 정원이가 영화에서도 보지 못했던 모습들이었어요.

"우리 특공대원들의 평소 모습 중 재미있는 것들만 모아 놓은 영상이야."

특공대원의 평소 모습이라는 말에 호기심이 생겼어요. 정원이는 TV에서 나오는 영상에 집중하기 시작했어요.

"풉! 푸흐흐흐."

아까 정원이와 인사했던 특공대원 중 한 명이 원숭이 흉내를 내는 것이 나왔어요. 정원이는 자신도 모르게 입을 틀어막고 웃었어요. 태양이가 빙긋 웃으며 말했어요.

"즐겁게 웃으라고 보여 주는 거니까 웃음이 나오면 큰

소리로 웃어도 돼."

"푸하하하하!"

원숭이 흉내를 내던 특공대원이 그만 꽈당 넘어지고 말았어요. 정원이는 더 참지 못하고 크게 웃음을 터뜨렸어요. 태양이는 정원이의 뒤에서 만족스러운 얼굴로 고개를 끄덕였어요.

　정원이는 저녁을 먹고 돌아와서도 계속해서 훈련을 받았어요. 하지만 훈련을 받는다는 생각은 전혀 들지 않았어요. 여러 가지 영상들을 본다거나 아니면 태양이가 들려주는 이야기들을 듣기만 할 뿐이었으니까요. 게다가 그 영상들과 이야기들이 어찌나 재미있는지 정원이는 배가 아프도록 웃을 수밖에 없었어요. 그 때였어요.

　-첫 번째 관문을 통과하셨습니다.

　정원이가 배를 붙잡고 웃고 있는 사이, 스피커에서 '딩동' 하는 소리와 함께 관문을 통과했다는 알림 소리가 들려왔어요.

　"축하해, 정원아! 첫 번째 관문을 통과했어."

　태양이의 축하를 받으면서도 정원이는 얼떨떨한 기분이었어요. 하지만 곧 기분이 날아갈 듯 좋아졌어요. 첫 번째 관문을 통과했다는 사실이 너무나도 기뻤기 때문이에요. 정원이는 활짝 웃음을 지었어요.

"실컷 웃고 나니 가슴이 뻥 뚫린 것처럼 개운해."

훈련실을 나서며 정원이가 말했어요. 태양이가 고개를 끄덕이며 대답했어요.

"그게 바로 웃음의 효과야."
"웃음의 효과? 그래, 정말 그런 것 같아."

정원이가 태양이의 말에 동의했어요. 어느새 잘 시간이 되었기 때문에 태양이는 정원이를 방으로 안내했어요.

"수고 많았어. 내일은 두 번째 관문을 위한 훈련을 하게 될 거야. 푹 쉬고 내일 보자."

정원이는 입가에 미소를 머금고 잠이 들었어요.

다음 날 아침이 되자 태양이가 정원이를 데리러 왔어요. 정원이는 태양이와 함께 아침을 먹고 넓은 운동장으로 나왔어요.

"오늘은 특공대원 모두와 함께 훈련을 할 거야."

정원이는 준비 운동을 하며 가볍게 몸을 풀었어요. 처음에는 술래잡기를 하기로 했어요. 가람이라는 특공대원이 술래가 되었어요. 열을 세고 난 후에 가람이가 뛰기 시작했어요. 정원이

는 가람이에게 잡히지 않도록 열심히 뛰어다녔어요.

"어휴, 힘들다."

평소에 운동을 하지 않았던 탓인지 조금 뛰었을 뿐인데 금세 숨이 찼어요. 하지만 가람이가 달려오는 것을 보고 정원이는 다시 가람이를 피해 뛰었어요. 그런데 어제 했던 훈련의 영향인지 정원이는 뛰면서도 자꾸만 웃음이 났어요. 땀이 많이 났지만 오히려 기분은 상쾌했어요. 정원이는 큰 소리로 웃으며 술래인 가람이를 피해 열심히 달렸어요.

"자, 이번엔 축구를 하자!"

잠깐 쉬는 사이, 특공대원 중 푸름이가 공을 들고 오며 외쳤어요. 특공대원들과 정원이는 편을 나누어 축구를 했어요. 땀이 줄줄 흐르고, 숨은 턱까지 차올랐지만 정원이는 즐거운 마음으로 열심히 뛰었어요.

하루 종일 특공대원들과 뛰어놀다 보니 어느새 하늘이

어둑어둑해져 있었어요. 정원이가 숨을 고르고 있는데 운동장에 있던 스피커에서 알림 소리가 들려왔어요.

－두 번째 관문을 통과하셨습니다.

그러자 특공대원들이 정원이를 둘러싸고 기쁜 표정으로 축하를 해 주었어요.

"축하해, 정원아. 두 번째 관문도 통과했어!"
"정말 잘됐어. 축하해!"
"고마워, 애들아."

정원이는 활짝 웃으며 대답했어요. 태양이도 다가와 정원이의 어깨를 두드려 주었어요. 피곤하고 지치기도 했지만 몸과 마음이 상쾌하고 개운했어요. 두 번째 관문을 통과했다는 것도 너무나 기뻤어요.

"자, 이제 씻고 저녁 먹으러 가자."
태양이의 말과 함께 정원이의 배에서 꼬르륵 소리가 났

어요. 정원이가 배를 붙잡는 순간 여기저기서 꼬르륵 소리가 들려왔어요. 특공대원들과 정원이는 다 함께 큰 소리로 웃으며 욕실로 향했어요.

"아, 음식을 보니까 더 배고프다! 얼른 먹자!"

샤워를 마치고 식당에 도착해 보니 이미 저녁 식사가 준비되어 있었어요. 식탁 위에는 정원이가 평소에 잘 먹지 않는 시금치, 도라지, 버섯, 당근, 콩, 피망 같은 반찬들이 많았어요. 하지만 배가 너무 고파 그런 것들은 하나도 신경 쓰이지 않았어요. 정원이는 허겁지겁 수저를 들었어요. 그것을 본 태양이가 정원이에게 말했어요.

"정원아, 배가 고파도 꼭꼭 씹어 가면서 천천히 먹어야 해. 그렇지 않으면 체할 수도 있으니까."
"응, 알겠어. 꼭꼭 씹어 먹을게."

정원이는 배가 많이 고팠지만 태양이의 말대로 모든 음식들을 꼭꼭 씹어 먹었어요. 한참 뛰어놀고 난 후에 먹는 밥은 정말 꿀맛 같았어요. 정원이는 집에 있을 때보다 밥

을 많이 먹었어요. 하지만 꼭꼭 씹어 먹어서인지, 아니면 많이 뛰어놀아서인지 배가 아프거나 더부룩한 느낌은 조금도 들지 않았어요.

정원이는 기분 좋게 저녁 식사를 마치고, 특공대원들과 이야기를 나누며 즐거운 시간을 보냈어요. 그러다 보니 어느덧 잘 시간이 되었어요.

"이제 세 번째 관문만 통과하면 되는구나."

정원이를 방으로 데려다 주며 태양이가 말했어요. 그 말에 정원이는 또다시 걱정이 되기 시작했어요.

"하지만 세 번째 관문은 정말 어려울 것 같아."

정원이가 풀죽은 목소리로 말했어요. 그러자 태양이는 자신만만하게 고개를 저었어요.

"아니야, 정원아. 채소를 많이 먹고 첫 번째 훈련과 두 번째 훈련을 반복하다 보면 반드시 세 번째 관문을 통과하게 될 거야."

"정말 그럴까?"

"첫 번째, 두 번째 관문을 모두 통과했으니까 충분히 가능해."

정원이는 태양이의 말에 용기를 얻었어요. 태양이의 말대로 채소를 많이 먹고, 잘 웃고, 열심히 뛰어놀면 틀림없이 마지막 관문을 통과할 수 있을 거예요.

"끄으으응!"

다음 날 아침이 밝았어요. 정원이는 눈을 뜨자마자 대변이 마려워 화장실로 달려갔어요. 정원이가 변기에 앉아 힘을 주면서 생각했어요.

'오늘은 대변이 제발 쉽게 나왔으면 좋겠다.'

그 때였어요. 그렇게 오래 힘을 쓰지도 않았는데 시원한 소리와 함께 대변이 나왔어요. 정원이는 너무 기뻐 춤이라도 추고 싶었어요. 정원이는 볼일을 마친 후 후다닥 뛰어나와 태양이를 향해 외쳤어요.

세 개의 관문 67

"집에 있을 때보다 훨씬 쉽게 대변을 눴어!"
"잘됐다, 정원아! 마지막 관문도 곧 통과할 수 있겠는걸!"

별나래 행성에 온 지 어느덧 며칠이 지났어요. 그동안 정원이는 많이 웃고, 신나게 뛰어놀았어요. 또 밥을 꼭꼭 씹어 먹는 것도 잊지 않았어요. 그러자 배가 아픈 것도 없어지고 소화가 잘 되기 시작했어요. 그리고 화장실에 가는 것도 더 이상 두렵지 않았어요.

"이얍!"

정원이가 힘을 주자 시원하게 대변이 나왔어요. 냄새가 났지만 정원이는 그래도 기분이 좋았어요.

-마지막 관문을 통과하셨습니다.

"야호!"

알림 소리를 듣고 정원이가 환호성을 질렀어요. 화장실 밖으로 나오자 모든 특공대원들이 달려와 축하해 주었어요.

"정원아, 축하해. 이제 넌 정식으로 햇살 요원이 된 거야!"

태양이가 정원이의 손을 잡고 말했어요. 특공대원들 모두가 박수를 치며 정원이를 축하하고 환영해 주었어요. 정원이는 환한 미소로 모두에게 답했어요.

"고마워, 애들아! 너희들 덕분에 모든 관문들 통과할 수 있었어. 이제 나도 어엿한 햇살 요원이 됐어!"

제 5 화
신경질 대마왕은 안녕!

"그동안 정말 고마웠어. 모두들 잘 있어!"
"잘 가, 정원아!"
"돌아가서 햇살 요원의 임무를 열심히 수행해 줘."

　정원이가 떠나는 날이 되었어요. 정원이는 특공대원 모두의 인사를 받으며 은하수 1호에 탔어요. 태양이는 천천히 우주선을 출발시켰어요. 정원이는 작아지는 특공대원들을 향해 열심히 손을 흔들었어요.

별나래 행성으로 출발했을 때처럼 집으로 돌아올 때에도 오랜 시간이 걸리지 않았어요. 태양이가 시계를 보며 정원이에게 말했어요.

"지구 시간으로는 몇 시간밖에 지나지 않았어. 별나래 행성의 시간이 지구의 시간보다 훨씬 빠른 편이거든. 그러니까 어른들이 걱정하실 일은 없을 거야."

고개를 끄덕인 정원이는 아쉬운 얼굴로 말했어요.

"이제 다시는 못 만나는 거야?"
"아마도 그럴 것 같아. 알다시피 특공대원으로서 해야 하는 일들이 많아서 말이야. 하지만 만나지 못한다고 해도 정원이 너를 꼭 기억할게."
"나도 태양이 너를 잊지 못할 거야."

태양이가 빙긋 웃으며 정원이에게 손을 내밀었어요. 정원이는 태양이의 손을 맞잡으며 말했어요.

"앞으로 햇살 요원의 임무를 잊지 않고 열심히 해 나갈 거야. 다른 아이들이 즐겁게 지낼 수 있도록 노력할게."
"정원이 너는 잘할 수 있어. 넌 햇살 요원이니까!"
"응, 기억할게!"

정원이는 태양이와 마주 잡은 손에 힘을 주며 고개를 끄덕였어요. 태양이가 돌아가는 것을 지켜본 정원이는 자리에 누워 눈을 감았어요.

얼마나 시간이 흐른 걸까? 정원이가 번쩍 눈을 뜨며 일어났어요. 그새 잠이 들었었는지 벌써 창밖이 밝아져 있었어요. 정원이는 얼른 자신의 몸을 살펴보았어요.

"어? 원래 크기대로 돌아와 있네?"

정원이는 인사를 하느라 잊어버렸지만, 다행히 태양이가 잊지 않고 원래 크기대로 돌려놓았던 모양이에요. 정원이는 콧노래를 부르며 이불을 갰어요. 거실로 나와 보니 부엌에서 달그락거리는 소리가 들렸어요. 할머니께서 아

침 준비를 하고 계셨어요. 정원이가 할머니께 달려가며 말했어요.

"할머니, 나 배고파."
"에그, 우리 강아지 벌써 일어났니? 어여 세수하고 옷 갈아입고 와. 금방 상 차릴 테니까."

정원이는 별나래 행성에서처럼 화장실에서 시원하게 볼일을 보았어요. 정원이는 콧노래를 부르며 학교 갈 준비를 마쳤어요. 그리고 아침을 먹는데 할머니께서 기쁜 소식을 알려 주셨어요.

"엄마랑 아빠가 오늘부터는 할미 집에서 같이 살기로 했어. 회사가 멀어서 늦을 때가 많겠지만, 그래도 우리 강아지랑 같이 있어야겠다고."
"정말로?"

"정말이지 그럼! 그리고 앞으로는 야근도 좀 줄이겠다고 그러는구나."

"이야! 만세다!"

신이 난 정원이가 자리에서 방방 뛰며 소리쳤어요. 할머니는 흐뭇한 눈으로 정원이의 엉덩이를 토닥이셨어요.

정원이는 밥 한 공기를 다 먹었어요. 든든한 기분이 들자 힘이 났어요. 정원이는 기운차게 인사를 하고 학교로 향했어요.

"신경질 대마왕, 오늘은 지각 안 했네?"

교실에 들어가자마자 현준이가 놀라는 시늉을 하며 정원이를 놀렸어요. 정원이는 평소와 다르게 씩 웃으며 현준이의 말을 받아쳤어요.

"내가 신경질 대마왕이면, 너는 까불까불 졸병이다."

정원이는 어리둥절해진 현준이의 얼굴을 보고 키득키득 웃으며 자리에 앉았어요.

며칠이 지났어요. 정원이는 별나래 행성에서 하던 훈련을 빼먹지 않고 열심히 했어요. 많이 웃고, 친구들과도 신나게 뛰어놀았어요. 덕분에 그동안 먹기 싫어했던 채소 반찬과 밥도 맛있게 먹고, 화장실에 가는 것도 전혀 무섭지 않았어요.

"이쪽으로 패스해!"
"정원아! 받아!"

현준이가 민성이에게 받은 공을 정원이에게 차 주었어요. 정원이를 가장 많이 놀리던 현준이와 민성이도 이제는 단짝 친구가 되었어요.

아무리 놀려도 정원이가 우스갯소리로 대꾸했기 때문이에요. 그러자 현준이와 민성이도 정원이를 놀리는 것보다는 함께 장난을 치고 뛰어노는 게 더 즐거웠어요.

정원이는 공을 몰아 상대편 골대를 향해 힘차게 찼어요. 정원이가 찬 공이 시원하게 골대로 들어갔어요.

"와아아아! 골인이다, 골인!"

정원이와 같은 편인 친구들이 함성을 지르며 좋아했어요. 정원이는 만세를 부르며 친구들에게 달려갔어요.

친구들의 얼굴에 웃음꽃이 활짝 피었어요.

'스트레스쯤은 모두 날려 보낼 수 있어! 그래서 나도 즐

겁게 지내고, 다른 친구들도 즐겁게 만들어 줄 수 있는 훌륭한 햇살 요원이 될 거야!'

정원이는 누구보다도 활짝 웃으며 다짐했어요.

부록
어린이 친구들에게

안녕? 나는 정원이야. 요즘 스트레스를 받는 어린이들이 많다고 들었어. 예전의 나처럼 말이야.

그래서 햇살 요원으로서 내가 알게 된 것들을 너희들에게도 알려 주려고 해.

스트레스란?

스트레스는 여러 가지 의미가 있다고 해. 하지만 '스트레스를 받는다'라고 할 때 가장 흔하게 쓰이는 의미는 '우

리를 속상하게 하거나 힘들게 하는 일을 겪는다'는 것이라고 해.

 이때 겪는 그 '일'은 경우에 따라서 많은 사람들에게 영향을 주는 일이거나 아니면 우리 각자에게 영향을 주는 일, 그리고 사소하게 기분을 언짢게 하거나 고민하게 만드는 일일 수도 있어.

스트레스는 무조건 나쁜 것이다?

그렇다면 이 스트레스라는 것이 우리에게 무조건 나쁜 것일까? 결론부터 얘기하자면 그렇지는 않아. 태양이도

말했다시피, 힘든 상황을 극복하고 난 후에 얻는 보람과 기쁨은 매우 큰 것이거든. 예를 들어 산에 올라가는 것을 생각해 볼까? 올라가는 도중에는 분명히 스트레스를 받는 상황들이 생길 거야. 다리도 아프고 숨도 차고 너무 힘이 드는 그런 상황들 말이야. 하지만 그런 스트레스 상황을 모두 극복하고 정상에 오르고 나면 기분이 정말 상쾌하지. 그래서 어떤 스트레스는 극복만 한다면 오히려 우리가 발전할 수 있는 기회가 되기도 해. 그러니 모든 스트레스가 다 나쁜 것은 아니라는 거야.

스트레스는 만병의 근원

하지만 스트레스가 만병의 근원이라고 하는 것도 분명한 사실이야. '만병의 근원'이라는 것은 '많은 병의 원인'이라는 뜻이야. 스트레스를 극복하려는 노력을 하고 이겨낸다면 보람을 느낄 수 있다고 했지? 하지만 그렇게 하지 못하는 경우도 있을 거야. 원장 선생님의 말씀처럼 마음에 먹구름이 끼어 있는 상태가 되는 거지.

우리의 몸은 마음과 매우 밀접하게 관련되어 있다는 말을 들어 본 적이 있니? 마음을 편하게 가지고 좋게 가지면 우리 몸의 각 부분도 기분 좋게 자기의 일을 할 수가 있어.

하지만 마음이 불편하고 답답할 때에는 우리 몸도 축 처지고 기운이 없어지거든. 그럼 우리 몸의 각 부분들이 자기가 맡은 역할을 제대로 하지 못하게 되는 거야. 그렇게 되면 우리 몸은 약해지게 되고 결국은 병이 나고 말아. 스트레스가 만병의 근원이라는 것은 그런 뜻에서 하는 말이야.

스트레스의 원인

우리가 어리기 때문에 스트레스를 받지 않을 거라고 생각하는 어른들도 있어. 하지만 우리 어린이들도 우리들만의 힘들고 속상한 일을 겪고 있어. 나처럼 부모님과 따로 떨어져서 살아야 한다거나, 부모님이 우리에게 관심을 많이 보이지 못할 때 특히 그래. 우리는 아직 부모님의 보호를 받아야 하는

때인데 그렇지 못하게 되면 우리에게 굉장히 커다란 스트레스가 되거든.

  게다가 부모님이 자주 싸우신다든지, 아니면 집안 분위기가 차갑다거나 축 가라앉아 있는 경우, 또 너무 조용한 경우에도 우리는 스트레스를 받게 돼. 그것뿐만이 아니야. 부모님이 우리에게 과도하게 관심을 가져도 우리는 스트레스를 받게 돼. 너무 많은 잔소리를 하실 때, 그리고 우리에게 지나치게 많은 공부를 강요하는 경우에도 스트레스를 받게 되는 거야.

스트레스로 인한 증상들

스트레스를 너무 많이 받게 되면 우리의 몸이나 행동에 건강하지 못한 증상들이 나타날 수 있어. 먼저 내가 그랬던 것처럼 소화가 잘 안 될 수가 있어. 나는 툭하면 얹히고 체해서 배가 자주 아팠거든. 아니면 배탈이 나서 자주 설사를 할 수도 있지. 그리고 특별히 몸에 이상이 없는데 툭하면 머리가 아프다거나, 가슴이 자꾸 두근거리고 빨리 뛰는 경우도 있고 말이야.

또 작은 일에도 쉽게 짜증이 나고 툭하면 화를 내기도 해. 친구들과 잘 어울리지 못하고 혼자 있는 일도 자주 생기지. 집중을 잘 못해서 학교 공부를 따라가기 어려운 경우도 있어. 그리고 불안해하고 안절부절 못하는 모습을 보이기도 해. 그 외에도 의욕이 없다거나, 음식을 너무 많이 먹는다거나, 단것을 지나치게 좋아한다거나, 쉽게 감기에 걸리는 등 여러 가지 증상들이 나타나게 돼.

스트레스의 극복 방법

스트레스를 극복하는 것은 그렇게 어렵지 않아. 내가 했던 훈련처럼 마음을 즐겁게 하면 되는 거야. 좋아하는 일을 찾아서 한다거나, 맛있는 것을 먹는다거나 하면서 말이야. 친구들과 마음껏 뛰어노는 것도 참 좋은 방법이야. 몸을 움직여 땀을 내는 것도 스트레스를 푸는 방법 중의 하나거든.

그리고 마냥 피하기보다는 일단 원인을 찾고 해결할 수 있는 방법을 생각해서 극복하는 것이 가장 좋은 방법이라고 할 수 있어. 스트레스를 주는 원인과 마주하지

않으면 언젠가는 다시 같은 스트레스를 받게 되니까 말이야. 그게 어려울 때에는 어떻게 하면 좋으냐고?

물론 우리는 아직 어린이이기 때문에 혼자서 해결하려고 끙끙댈 필요는 없어. 너무 힘들 때에는 부모님을 비롯해서 주변의 어른들께 도움을 요청하는 것이 좋아. 우리가 생각하는 것보다 더 좋은 방법을 배울 수도 있으니까 말이야.

오늘은 여기까지만 할게. 너희들에게 조금이라도 도움이 되었길 바래. 우리가 생활하면서 스트레스를 하나도 받지 않을 수는 없는 거잖아. 그러니 스트레스를 올바르게 극복해서 즐거운 마음, 건강한 몸을 가질 수 있도록 노력하자! 우리 모두 할 수 있어!

우주 특공대 햇살 요원, 정원이가

올바른 성장과 건강한 생활
어린이 건강동화 시리즈 ①~⑤

전 5권 각권 9,500원

| 비만 편

뚱보 탈출 대작전
글 조만호 | 그림 김명자

소아비만은 성인 비만으로 이어질 확률이 매우 높고 어릴적부터 제대로 관리되지 않으면 비만 세포 증식으로 평생 비만으로 살아가야 합니다. 이 도서를 읽고 자극적인 인스턴트 음식을 줄이고 가능한 우리나라의 음식과 가정에서 조리한 음식을 섭취하여 자녀들이 아름답고 건강하게 성장할 수 있도록 도움을 줍니다.

| 척추질환 편

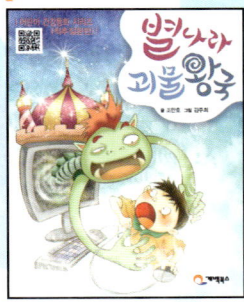

별나라 괴물왕국
글 조만호 | 그림 김주희

요즘 아이들은 학교, 학원에서 의자 생활을 합니다. 그것도 모자라 컴퓨터 앞에 앉아 게임을 하기 때문에 척추성장이 올바르지 않습니다. 이 도서는 아이들이 바르고 건강하게 성장할 수 있도록 적당한 운동과 바른 자세가 얼마나 중요한지를 알게 해주는 도서입니다.

| 스트레스 편

짜증은 빵점, 건강은 백 점
글 조만호 | 그림 김주희

스트레스를 많이 받는 아이들은 소화 기능이 약해지게 되고 여러 가지 질병에 걸릴 수 있습니다. 또한 면역력이 약해지게 됩니다. 이 도서는 스트레스가 얼마나 나쁜 것인지 우리 아이가 도서를 읽고 스스로 알게 되므로써 씩씩하고 건강한 어린이로 성장할 수 있도록 도와주는 도서입니다.

| 흡연과 알코올 중독 편

알따와 빠끄미는 싫어!
글 조만호 | 그림 김동훈

장기간의 흡연과 알코올 섭취가 얼마나 불행한 삶을 살아가게 되는지 이 도서를 통해 흡연과 음주의 위험성과 경각심을 갖고 건강하고 올바르게 성장할 수 있도록 도와줍니다.

| 성교육 편

엄마, 궁금해요
글 조만호 | 그림 심혜선

어머니의 몸 안에서 많은 사랑과 보살핌으로 10개월간 잉태되고 태어났다는 사실을 아이들이 흥미롭고 쉽게 이해할 수 있도록 설명하였습니다. 아무도 가르쳐 주지 않는 '어린이 성교육'에 대해 이 도서로 우리 자녀들이 자신의 성을 이해하는데 도움이 되는 도서입니다.